Mandie Davis

& Agatha O'Neill

'Pour les fans d'Arty à l'école de Warlingham'

First published by Les Puces Ltd in March 2018
ISBN 978-0-9954653-9-8
© March 2018 Les Puces Ltd
www.lespuces.co.uk
Original artwork © March 2018 Agatha O'Neill and
Les Puces Ltd

Egalement disponible chez Les Puces

Consultez notre boutique en ligne sur www.lespuces.co.uk

Arty
en Safari

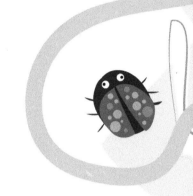

Normalement, tu n'as pas le droit de dessiner sur les livres, mais Arty le chat t'invite à colorier dans les blancs pour montrer tes talents d'artiste ! Arty recommande de le faire avec des crayons de couleurs.

Salut mon ami. Bienvenue dans le monde d'Arty le chat ! As-tu entendu parler de lui ? C'est un chat qui aime beaucoup l'art ; la peinture, la danse, la sculpture, Arty aime beaucoup ça !

Je vais te raconter ce qui s'est passé lorsqu'Arty reçut une invitation à rendre visite à ses cousins en Afrique du Sud. Quelle drôle d'histoire ! Voudrais-tu l'entendre ?

Quand Arty sortit de l'avion, il fût frappé par la beauté de la savane africaine. Il attendit que son cousin Spotty Léopard vienne le chercher.

Il était très excité de
le voir après un si
long voyage !

Quand Spotty Léopard arriva, Arty sauta dans sa Jeep. Ils se rendaient à la tanière de Roary Lion pour une fête d'anniversaire.

En chemin, ils rencontrèrent des rhinocéros avec de grandes cornes et une troupe d'éléphants. Ils dirent « coucou » à Arty en agitant leurs trompes.

Ils continuèrent à rouler jusqu'à ce qu'Arty vit des chevaux rayés au loin. Spotty prêta ses jumelles à Arty et lui dit que c'était des zèbres.

Ils étaient noirs et blancs mais Arty les imaginait bleu vif et oranges. Peux-tu ajouter des rayures colorées aux zèbres ?

En se rapprochant des zèbres, Arty vit un point d'eau dans lequel se trouvaient d'énormes hippopotames. Arty devait faire attention à ce qu'ils ne l'arrosent pas !

Arty pensait que le point d'eau serait bien plus joli s'il était bordé de fleurs. Peux-tu dessiner quelques fleurs autour de l'eau ?

Peu avant qu'ils partent, Arty vit quelque chose qui ressemblait à une bûche sur le rivage. Spotty lui dit que c'était Snappy Crocodile, et bien qu'il fût généralement sympa, il ferait mieux de ne pas déranger son sommeil.

Ils passèrent à côté de lui sur la pointe des pieds.

Le trajet était long, alors Spotty Léopard suggéra qu'ils s'arrêtent pour prendre le goûter avec les très gentils suricates qui sortaient soudainement de partout.

Assis pour le goûter dans la maison souterraine des suricates, Arty regardait avec méfiance la nourriture disposée devant lui. Il y avait des scorpions, des araignées, des bols d'insectes secs, des lézards et même des serpents frétillants ! Dessine quelque chose d'appétissant pour Arty sur l'assiette vide.

Arty choisit des fruits, un œuf et quelque chose qui ressemblait à un champignon. « Voilà des valeurs sûres » pensa-t-il, en souriant poliment aux gentils suricates.

Peux-tu dessiner sa nourriture préférée ?

Lorsque le goûter fût fini, Arty et Spotty Léopard retournèrent dans la Jeep en direction de la tanière du Roary Lion.

Arty espérait secrètement que les suricates n'apportent pas d'en cas à la fête d'anniversaire plus tard.

En passant devant des endroits plus verdoyants de la savane, Arty vit dans les arbres des fruits qui avaient l'air très intéressants, alors il demanda à Spotty Léopard d'arrêter la Jeep. De gentilles girafes l'aidèrent à cueillir des mangues, des avocats et des citrons verts pour les apporter à la fête.

En disant au revoir à ses amis aux longs cous, Arty se rassit dans la Jeep et admira le beau coucher de soleil. Au loin, il repéra de gros buffles poilus et une meute de hyènes.

Il avait très faim, alors pour se garder de manger la nourriture, il décida de peindre des motifs sur les citrons verts.

Quand finalement ils arrivèrent, ils furent accueillis par leur cousin Roary Lion qui était bien plus grand qu'Arty et Spotty Léopard, et qui portait un épais collier de fourrure orange.

Tout le monde arriva ! Les rhinocéros, les éléphants, les zèbres, les hippopotames, les suricates, les girafes, les buffles, les hyènes, et Snappy Crocodile étaient tous ensemble.

Quelle occasion parfaite pour ramener une photo à la maison pour sa collection !

Ouistiti !!!

De retour à la maison, Arty ajoute une photo à sa galerie. Je me demande quelle sera sa prochaine aventure !

Back at home Arty adds a photo to his gallery. What will he get up to next I wonder!

What a great opportunity for a photo to take home for his collection!

Cheese!!!

Everyone arrived! The rhinos, elephants, zebras, hippos, meerkats, giraffes, buffalos, hyenas and Snappy Crocodile were all together.

When they finally arrived they were greeted by their cousin Roary Lion who was so much bigger than Arty or Spotty, and had a thick collar of orange fur.

He was very hungry, so to stop himself from eating the food, he decided to paint patterns on the limes.

Saying goodbye to his new long-necked friends Arty sat back in the Jeep and admired the beautiful sunset. In the distance he spotted some big hairy buffalos and a cackle of hyenas.

As they passed some greener parts of the savanna, Arty saw interesting looking fruits in the trees so he asked Spotty Leopard to stop the Jeep. Some friendly giraffes helped him to pick mangoes, avocados and limes to take to the party.

With the tea party safely over, Arty and Spotty Leopard got back in the Jeep and headed off towards Roary Lion's den.

Arty secretly hoped the meerkats wouldn't bring snacks to the birthday party later.

Can you draw his favourite food?

Arty chose some fruit, an egg and something that resembled a mushroom. 'These must be safe' he thought to himself, smiling politely at the friendly meerkats.

Sitting down for tea in the meerkats underground home, Arty looked suspiciously at the food laid out in front of him. There were scorpions, spiders, bowls of dried insects, lizards and even some wriggling snakes! Draw something tasty for Arty on the empty plate.

The drive was a long one, so Spotty Leopard suggested that they stop for tea with the very friendly meerkats, who were suddenly popping up everywhere.

They tip-toed past him.

Just as they were about to leave Arty saw something that looked like a log by the edge of the water. Spotty informed him that this was Snappy Crocodile, and although he is usually friendly, he shouldn't be disturbed while he is asleep.

Arty thought that the watering hole would look a lot prettier with some flowers around it. Can you draw some flowers around the water?

As they moved closer to the zebras, Arty saw a watering hole and in it were some enormous hippos. Arty had to be careful not to be splashed by them!

They were black and white but Arty imagined them bright blue and orange. Can you add colourful stripes to these zebras?

They drove further
until Arty saw some
striped horses in
the distance.
Spotty lent
Arty his
binoculars and
told him that
these were
zebras.

On the way they met some rhinos with big horns and a parade of elephants. They waved their trunks to say 'hello' to Arty.

When Spotty Leopard arrived, Arty sprang into his Jeep. They were going to Roary Lion's den for a birthday party.

He was excited to see him after such a long journey!

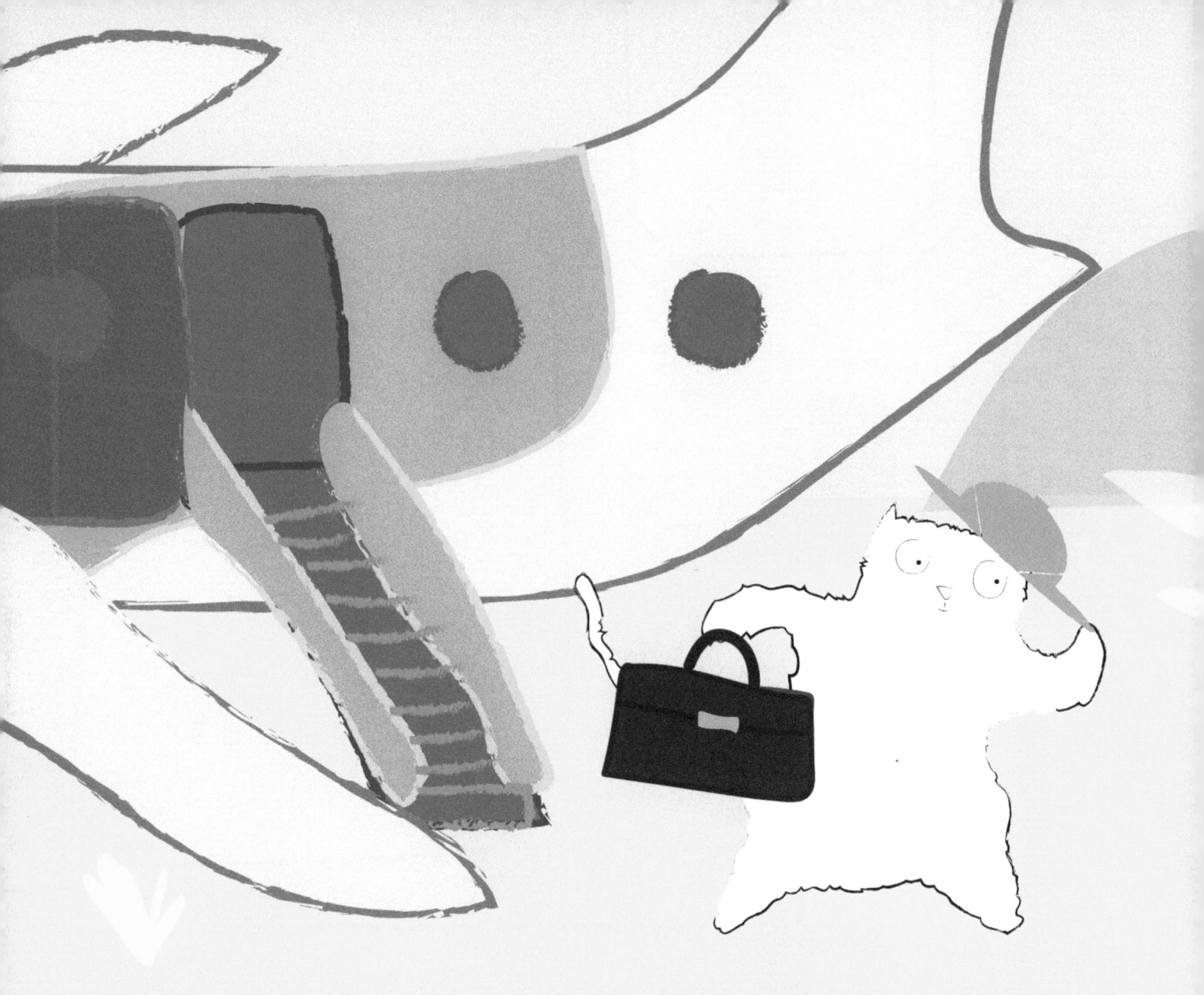

When Arty stepped off the plane, he was struck by the beauty of the African savanna. He waited for his cousin Spotty Leopard to collect him.

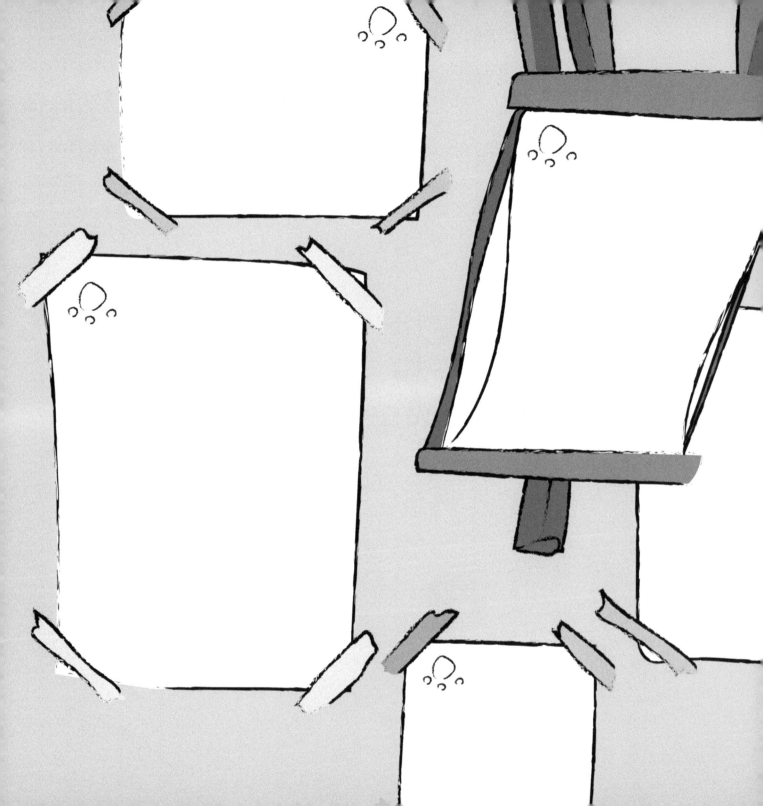

I am going to tell you what happened when Arty received an invitation to visit his cousins in South Africa. What a funny story that is! Would you like to hear it?

Hello my friend! Welcome to the world of Arty the cat! Have you heard of him? He is a cat who is very fond of the arts: painting, dance, sculpture, Arty loves it all!

Arty
on Safari

You don't normally draw in books, but Arty the cat invites you to colour in any of the white areas to show off your artistic talents! Arty recommends coloured pencils or crayons.

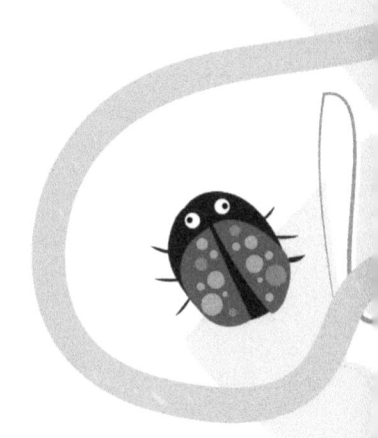

Also available from Les Puces

Visit the shop on our website at www.lespuces.co.uk

Mandie Davis

&

Agatha O'Neill

'For the Arty fans at
Warlingham School'

First published by Les Puces Ltd in March 2018
ISBN 978-0-9954653-9-8
© March 2018 Les Puces Ltd
www.lespuces.co.uk
Original artwork © March 2018 Agatha O'Neill and
Les Puces Ltd

Lightning Source UK Ltd.
Milton Keynes UK
UKHW05f1543270318
320113UK00006B/98/P